GLOBAL KOREAN FOOD·KIMCHI

KIMCHI 김치

CONTENTS

006 • 프롤로그
김치, 누구나 담글 수 있습니다

01
배추로 담그는 **김치**

- **013** • 김장의 핵심! **배추 절이기**
- **019** • 가장 기본이 되는 김치 **배추김치**
- **025** • 해물을 넣어 깊고 시원한 맛 **전라도식 배추김치**
- **031** • 고춧가루 없이 담그는 아삭한 **백김치**
- **037** • 깔끔한 맛으로 개운한 **얼갈이배추물김치**
- **039** • 자투리로 버무려 먹는 **얼갈이배추겉절이**

02
무로 담그는 **김치**

- **047** • 무의 씹는 맛이 중요한 **깍두기**
- **053** • 있는 재료로 쉽게 버무려 먹는 **섞박지**
- **059** • 알타리무와 무청으로 담그는 **총각김치**
- **065** • 통째로 담가 시원한 국물과 함께 먹는 **동치미**
- **071** • 깔끔한 여름 김치의 대표 **열무김치**
- **075** • 자박하게 담가 다양하게 즐기는 **열무물김치**
- **081** • 국물과 함께 훌훌 시원하게 먹는 **나박김치**

03
특별한 맛 김치

- **091** · 양념에 버무린 부추와 양파로
  속을 채운 **오이소박이**
- **097** · 살살 버무려 바로 먹고, 두고 먹는 **부추김치**
- **101** · 쪽파를 맑은 젓갈에 절여 맛을 낸 **파김치**
- **107** · 걸쭉하고 진한 양념에 버무리는 **갓김치**
- **113** · 간장 국물로 절여 맛내는 **장김치**
- **119** · 대강 썰어 무쳐도 맛있는 **막김치**
- **125** · 꼬들꼬들 달착지근한 **무보쌈김치**

04
김치의 감칠맛 양념

- **131** · 재료를 절이고 짠맛을 내는 **소금**
- **133** · 칼칼하게 매운맛을 내는 **고추**
- **135** · 짠맛과 함께 감찰맛을 내는 **젓갈**
- **137** · 은은한 단맛을 내는 **청과 설탕**
- **139** · 양념을 조화롭게 하는 **풀물과 맛국물**
- **141** · 다채로운 맛과 향이 나는 **양념 채소**
- **142** · 한눈에 보는 **양념 배합표**

김치 누구나 담글 수 있습니다

먹을 것이 아무리 다양하고 풍요로워져도 우리 식탁에 빠질 수 없는 것이 김치입니다. 매년 늦가을이면 한 해를 마무리하고, 다음 해를 준비하는 김장 이야기가 빠지지 않는 것도 이런 이유일 테죠. 해마다 11월이면 김장용 배추와 무가 시장에 쏟아져 나오기 시작합니다. 빛깔 고운 마른 고추와 고춧가루, 푸릇푸릇한 갓과 미나리 등의 부재료도 때를 맞춰 풍성해지고요. 재래시장은 물론이고 백화점, 대형 마트, 작은 동네 슈퍼마켓까지도 김장 재료로 가득 찹니다. 실하게 잘 익은 배추와 무를 보고 있자면 '나도 김치 좀 담가볼까'라는 욕심이 생길 만합니다. 자신은 없지만 이토록 싱싱한 채소를 그냥 지나치기 싫은 마음이 아닐까 싶습니다. 이 책은 그런 마음에서 시작되었습니다. 풍성한 김장철에 누구나 김치를 담글 수 있으면 좋겠습니다. 좋은 재료가 있고 먹어본 입맛이 있다면 누구나 도전해볼 만하니까요. 게다가 김장철에는 재료값이 싸고, 날이 덥지 않아 익히는 과정에서 실패할 확률이 적습니다. 첫 김치에 도전하기 더없이 좋은 때죠. 대부분의 김치는 채소를 절이고, 양념에 버무리면 됩니다. 생각보다 간단하지요. 이 책은 대단한 비결이나 색다른 손맛보다는 김치를 담그는 기본 방법을 담고자 했습니다.

책 속 김치 레시피는 배추 두 포기, 열무 한 단처럼 소량을 기준으로 만들었습니다. 식구 수가 적고, 솜씨도 부족하고, 김치를 보관할 곳도 마땅치 않은 초보자들을 위해서랍니다.
완성된 김치의 총량은 리터(ℓ)로 표시했습니다. 건더기와 국물을 모두 포함한 양입니다. 대부분 김치 통이나 밀폐용기가 리터를 기준으로 되어 있어 눈대중으로 가늠하기 쉬울 것입니다.
각 김치의 만드는 법은 사진으로 상세하게 볼 수 있고 각 김치마다 익히는 시간과 온도는 레시피에 써두었습니다.
각 레시피를 활용해 만들 수 있는 같은 양념으로 다른 김치를 담그는 방법이나 대체할 수 있는 채소, 김치 담글 때 주의해야 할 점은 팁에 꼼꼼하게 적어두었습니다.
마늘을 다듬거나 고춧가루가 들어가는 김치 양념을 버무릴 때는 위생장갑을 준비해야 나중에 손이 맵지 않습니다.
무는 채 썰어야 할 일이 많은데 크고 단단해 쉽지 않으니 채칼을 준비해두면 편리합니다.

01 배추로 담그는 김치

배추
KIMCHI

김장철에 나오는 속이 꽉 찬 배추는 **잎이 통통하고 아삭하며** 수분이 많고 단맛이 좋아 어떤 요리를 해 먹어도 맛있다. 잘 익은 배추를 좋은 소금으로 절여 고춧가루, 젓갈, 간장 등으로 만든 다양한 양념으로 버무려 먹는 김치는 **우리 식탁에 빼놓을 수 없는** 음식이다. 배추 외에도 **봄에 나는 얼갈이배추**, 일 년 내내 구할 수 있는 **쌈배추와 양배추로도** 김치를 간단하게 담가 먹을 수 있다.

배추 절이기

배추 절이는 시간은 크기와 상태, 계절에 따라 조금씩 다르다. 따라서 요리 초보자에게는 쉽지 않은 과정. 대개 가을엔 8시간, 여름엔 4시간 정도 절인다. 양손으로 두꺼운 줄기를 잡아 구부렸을 때 잘 휘어지고, 배추 속잎의 맛으로 간을 맞춘다.

배추 2포기
굵은소금 2컵
물 2ℓ

01 배추의 겉잎은 떼어낸다. 이 겉잎을 삶아 말리면 우거지가 된다.
02 배추는 밑동에 칼집을 넣어 반으로 갈라 깨끗이 씻어 물기를 잘 뺀다.
03 두꺼운 줄기 부분이 골고루 절여지도록 밑동에 한 번 더 칼집을 낸다.
04 분량의 물에 굵은소금 1컵을 넣어 팔팔 끓인다.
05 끓인 소금물은 뜨거울 때 배추 밑동을 중심으로 끼얹는다.
06 배춧잎을 켜켜이 들추며 남은 굵은소금을 골고루 뿌리고 배추 겉면은 소금으로 문지른다.
07 2시간에 한 번씩 뒤집고, 빨리 절이고 싶다면 1시간에 한 번씩 자주 뒤집는다.
    배추 상태를 봐가며 6~8시간 정도 절인다.
08 깨끗한 물에 4번 정도 헹궈 채반에 밭쳐 물기를 뺀다.
    표면이 마르지 않고 물이 뚝뚝 떨어지지 않을 정도면 된다.

+TIP
잠들기 전에 배추를 절여뒀다면 밤사이 한두 번만 뒤집어도 괜찮지만, 그만큼 절이는 시간이 길어진다. 앞뒤로 소금물이 잘 묻도록 자주 뒤집으면 절이는 시간을 줄일 수 있다.

● 배추 절이는 법

겉잎을 뗀다.

반으로 갈라 씻는다.

밑동에 칼집을 낸다.

배춧잎 켜켜이 소금을 뿌린다.

뒤집어가며 6~8시간 절인다.

4

물에 소금을 넣고 끓인다.

5

밑동 주위로 끼얹는다.

8

물에 3~4번 헹군다.

9

채반에 밭쳐 물기를 뺀다.

배추김치는 절인 배춧잎 켜켜이 양념을 꼼꼼히 넣어야 재료의 맛이 잘 어우러진다.

배추김치

절임배추가 준비되면 양념을 섞어 속을 채우는 것은 어렵지 않다. 서울·경기식 배추김치는 새우젓과 조기젓, 황석어젓 등을 넣어 시원하고 담백한 맛이 특징이고, 지역에 따라 굴이나 새우, 각종 해산물을 넣어 짙은 풍미를 더하기도 한다.

총량 8.5ℓ

절임배추 2포기

무 1개
쪽파 80g
미나리 70g
갓 100g
새우젓 ⅔컵
고춧가루 1컵
다진 마늘 8큰술
생강청 4큰술
찹쌀풀 2컵
다시마물 2컵

소금물
물 1컵
고운 소금 ½작은술

01 무는 부드러운 수세미로 문질러 씻은 후 10cm 길이로 썬 다음 0.4cm 두께로 채 썬다.
02 쪽파는 뿌리와 떡잎을 제거해 깨끗이 씻어 4cm 길이로 썬다.
03 미나리는 깨끗이 씻어 잎을 제거하고 4cm 길이로 썬다.
04 갓은 깨끗이 씻어 4cm 길이로 썬다. 잎이 넓은 것은 반으로 가른다.
05 새우젓은 곱게 다진다.
06 다진 새우젓, 고춧가루, 다진 마늘, 생강청, 찹쌀풀, 다시마물을 골고루 섞는다.
07 ⑥에 쪽파, 미나리, 갓을 넣고 골고루 섞어 양념소를 만든다.
08 절임배추의 겉잎 1~2장을 따로 떼어낸다.
09 배춧잎에 ⑦의 양념소를 켜켜이 골고루 넣은 후
    겉잎으로 김치를 감싸듯 가지런하게 말아 김치 통에 차곡차곡 담는다.
10 남은 양념에 소금물을 부어 헹군 후 김치 위에 자작하게 붓는다.
11 미리 떼어낸 겉잎으로 김치 윗면을 덮어 공기와 닿지 않도록 한다.
12 실온에서 이틀 숙성시킨 후 냉장실에서 일주일 정도 익혀 먹는다.
    여름철에는 하루 정도만 익혀도 먹을 수 있다.

+TIP
양념소를 넣기 전 작은 배추 속잎을 솎아내 삶은 고기와 보쌈해 먹는 것이 김장철의 묘미다.
소가 남았다면 밀가루와 물을 넣고 개어 김치전을 부쳐 먹어도 맛있다.

● 배추김치 만드는 법

1 무는 채 썬다.

2 쪽파, 미나리, 갓은 4cm 길이로 썬다.

3 새우젓은 다진다.

5 무, 쪽파, 미나리, 갓을 양념과 섞는다.

6 절인 배추 켜켜이 소를 넣는다.

4

양념 재료를 섞는다.

7

통에 담는다.

8

양념을 소금물로 헹궈 붓고 겉잎으로 덮는다.

전라도식 김치는 양념할 때 마른 고추를 충분히 불려야 건더기가 거칠지 않고 간이 잘 밴다

전라도식 배추김치

여러 지방의 김치 중 전라도식 배추김치가 가장 깊은 맛이 난다. 양념이 풍성해 맵고 짠 편이지만 김칫국물이 진하고 감칠맛이 좋다. 해산물이 풍부한 지역이라 굴, 새우 등이나 멸치젓, 갈치젓, 조기젓 등을 다양하게 사용한다.

총량 8.5ℓ

절임배추 2포기

무 1개
배 ½개
쪽파 80g
미나리 70g
갓 100g
새우젓 ¼컵
생새우 100g
마른 고추 50g
고춧가루 ½컵
다진 마늘 8큰술
생강청 4큰술
멸치액젓 ½컵
멸치생젓 1큰술
찹쌀풀 2컵
다시마물 2컵

소금물
물 1컵
고운 소금 ½작은술

01 절임배추의 겉잎 1~2장을 따로 떼어낸다.
02 무는 부드러운 수세미로 문질러 씻은 후 10cm 길이로 썬 다음 0.4cm 두께로 채 썬다. 배도 무와 비슷한 크기로 채 썬다.
03 쪽파는 뿌리와 떡잎을 제거해 깨끗이 씻어 4cm 길이로 썬다.
04 미나리는 잎을 제거하고 4cm 길이로 썬다.
05 갓은 깨끗이 씻어 4cm 길이로 썬다. 잎이 넓은 것은 반으로 가른다.
06 새우젓은 곱게 다진다.
07 생새우는 너무 크지 않고, 껍질이 얇은 것을 구입한다. 옅은 소금물에 씻어 건져 물기를 뺀 다음 껍질째 다진다.
08 마른 고추는 꼭지를 떼고 가로로 3등분해 씨를 털어내고 물에 헹군 다음 깨끗한 물에 담가 20분 정도 불린다.
09 믹서에 불린 마른 고추와 다시마물을 약간 넣고 곱게 간다.
10 ⑨와 고춧가루, 다시마물, 찹쌀풀, 다진 마늘, 생강청, 다진 새우젓, 다진 생새우, 멸치액젓, 멸치생젓을 잘 섞어 양념을 만든다.
11 양념에 무, 배, 쪽파, 미나리, 갓을 넣어 골고루 섞는다.
12 ⑪을 절인 배춧잎에 켜켜이 넣는다.
13 겉잎으로 배추를 감싼 후 김치 통에 가지런히 담는다.
14 남은 양념을 소금물로 헹궈 김치 통에 자작하게 붓고 떼어둔 겉잎으로 덮는다.

+TIP
김치 양이 많은 경우에는 무채를 고춧가루에 미리 버무리면 숨이 죽어 여러 가지 재료를 한데 버무리고 배추 속에 넣기가 한결 편하다. 기호에 따라 생태, 생물 오징어, 갈치 등을 썰어 함께 버무린다.

● 전라도식 배추김치 만드는 법

1 무와 배는 채 썬다.

2 쪽파, 미나리, 갓은 4cm 길이로 썬다.

3 새우젓은 다진다.

6 마른 고추는 물에 불려 다시마물 약간과 믹서에 곱게 간다.

7 양념을 만들어 무, 배, 쪽파, 미나리, 갓과 버무린다.

4 생새우는 옅은 소금물에 헹궈 물기 빼고 다진다.

5 마른 고추는 가위로 3등분해 씨를 턴다.

8 절인 배추에 켜켜이 양념을 넣는다.

9 통에 담는다.

10 양념을 소금물로 헹궈 붓고 겉잎으로 덮는다.

백김치는 맑은 국물을 내기 위해 고춧가루는 넣지 않고, 배를 넣어 달콤하고 시원한 맛을 더한다.

백김치

담백하고 깔끔한 맛이 일품인 백김치. 맑은 국물이 맛을 좌우하다 보니 양념을 다지지 않고 모두 편으로 썬다. 고춧가루나 젓갈을 넣지 않아 군내가 날 수 있는데, 배와 밤을 넣으면 냄새를 없앨 수 있다. 배즙을 넣으면 시원하고 달짝지근한 맛이 나 물김치 대용으로 넉넉히 담가도 좋다.

총량 12ℓ

절임배추 2포기
물 2ℓ
굵은소금 1컵
배 1개
무 ⅔개
쪽파 30g
미나리 20g
마늘 8쪽
생강 2톨
새우젓 ⅓컵
고운 소금 약간

국물
물 4ℓ
다시마물 1¼큰술
찹쌀가루 1¼큰술
다진 마늘 3큰술
고운 소금 약간

01 배추는 일반 절임배추와 만드는 법이 동일하나, 시간을 4~5시간 정도로 짧게 절였다 씻어 건진다. 배추김치보다 아삭해야 하므로 줄기가 조금 빳빳할 정도로 절이는 게 맞다.
02 무는 부드러운 수세미로 문질러 씻은 후 5cm 길이로 썰어 편 썬 후 채 썬다. 배는 껍질을 벗기고, 채 썬다.
03 쪽파는 떡잎과 뿌리를 제거하고 깨끗이 씻어 4cm 길이로 썬다.
04 미나리는 잎을 제거하고 깨끗이 씻어 4cm 길이로 썬다.
05 생강은 껍질 벗겨 곱게 채 썰고 마늘도 채 썰고, 새우젓은 국물만 꼭 짜둔다.
06 무, 배, 쪽파, 미나리, 채 썬 마늘과 생강에 ⑥의 새우젓 국물을 넣고 골고루 버무린 후 소금으로 간한다.
07 절인 배추의 겉잎 1~2장을 따로 떼어낸다.
08 배춧잎에 켜켜이 ⑥의 양념을 골고루 넣은 후 겉잎으로 김치를 감싸듯 가지런하게 말아 김치 통에 차곡차곡 담는다.
09 냄비에 물 1ℓ와 새우젓 건더기를 넣고 끓여 따뜻한 상태일 정도로 식힌다.
10 ⑨에 남은 물 3ℓ, 다진 마늘, 다시마물과 찹쌀가루를 넣어 섞은 후 소금으로 간해 체에 밭쳐 ⑧에 붓는다.
11 미리 떼어낸 겉잎으로 김치 윗면을 덮어 공기와 닿지 않도록 차단한다. 실온에 1~2일 두었다 냉장실에서 일주일 숙성시켜 먹는다.

+TIP
더 깊고 진한 맛을 내고 싶다면 새우젓 국물을 넣을 때 멸치액젓을 함께 넣는다.
매운맛을 원하면 청양고추나 마른 고추씨를, 단맛을 내고 싶다면 생강청과 매실청을 더한다.
파프리카 등을 넣어 색감의 변화를 줘도 좋다.

● 백김치 만드는 법

무와 배는 5cm 길이로 채 썬다.

쪽파와 미나리는 4cm 길이로 썰고, 마늘과 생강은 채 썬다.

물 1ℓ에 새우젓 건더기를 넣고 끓인다.

나머지 국물 재료와 섞어 체에 거른다.

새우젓 국물과 손질한 채소를
버무려 소금으로 간한다.

배춧잎 사이에 소를 넣는다.

국물을 붓는다.

겉잎으로 덮어 보관한다.

얼갈이배추는 절이지 않고 양념에 버무려 바로 먹기도 하며 익힐수록 시원한 맛이 좋아진다.

얼갈이배추물김치

풋풋한 배추와 고추 향이 시원한 봄여름의 얼갈이배추물김치. 물김치로 먹어도 좋지만 적당히 익었을 때 건더기를 건져 밥이나 국수에 고추장을 넣고 함께 비벼 먹어도 맛있다. 김치를 담가 빨리 먹고 싶다면 설탕을 약간 넣는다.

총량 5.5ℓ

얼갈이배추 1단(750g)
홍고추 5개
양파 ½개

찹쌀풀 5컵
다진 마늘 2큰술
생강청 2큰술
매실청 2큰술
멸치액젓 ¼컵
굵은소금 1큰술

소금물
물 10컵
굵은소금 1큰술

01 얼갈이배추는 밑동을 제거하고 깨끗이 씻어 5cm 폭으로 썬다.
02 홍고추는 꼭지를 제거하고 믹서에 물 약간과 함께 넣고 곱게 간다.
03 양파는 껍질 벗겨 도톰하게 채 썬다.
04 찹쌀풀에 ②의 고추 간 것, 다진 마늘, 생강청, 매실청, 멸치액젓, 굵은소금을 골고루 섞는다.
05 ④에 얼갈이배추와 양파를 넣어 살살 버무려 통에 담는다.
06 소금물을 붓는다.
07 실온에서 1~2일, 냉장실에서 3일 동안 익힌다.

+TIP
같은 양념으로 통배추물김치도 만들 수 있지만 질겨질 수 있으니 속잎을 활용한다.
얼갈이배추 대신 오이로 담가도 시원하고 개운한 물김치를 맛볼 수 있다.

얼갈이배추물김치 만드는 법

1. 얼갈이배추는 5cm 길이로 썬다.
2. 고추는 물 약간과 함께 믹서에 넣고 곱게 간다.
3. 양파는 도톰하게 채 썬다.
4. 고추 간 것과 나머지 재료를 섞어 양념을 만든다.
5. 양념에 얼갈이배추와 양파를 버무린다.
6. 통에 담고 소금물을 붓는다.

➕ 얼갈이배추겉절이

얼갈이배추 8포기

식초 3큰술
설탕 3큰술
멸치액젓 2큰술
고춧가루 2큰술
통깨 2큰술

얼갈이배추는 깨끗이 씻어 2cm 폭으로 어슷하게 썰고 설탕, 고춧가루, 멸치액젓에 먼저 버무린 후 식초와 통깨를 뿌려 먹는다.

02 무로 담그는 김치

무
KIMCHI

아삭아삭 씹는 맛이 좋고 다른 음식의 맛을 돋우는 무. 위장을 좋게 하고 소화를 촉진해 반찬으로 먹기 좋은 채소다. 비타민 C 함량이 높은 무로 담그는 김치는 겨울철 **비타민 공급원** 역할을 톡톡히 한다. 무는 발효되면서 **톡 쏘는 독특한 맛**과 향이 생긴다. **물김치로** 담가 익혀두면 국수를 넣어 말아 먹고 찌거나 구운 고구마와 곁들여도 일품이다. 술 마신 다음 날 속풀이로도 그만이다. 무로 담근 **총각김치나 깍두기**는 뜨끈한 국물 요리와 맛의 궁합이 좋아 사계절 식탁에 잘 어울린다. 무는 언제나 구하기 쉬운 채소지만, 김장철에 나오는 것**이 유난히 달고 맛있으며** 단단해 저장하기 좋다.

깍두기의 씹는 맛을 살리려면 무 껍질을 두껍게 벗기지 말고 살살 긁어내야 한다.

깍두기

아삭하게 씹히는 맛이 좋은 깍두기는 익을수록 시원하고 새콤한 맛이 우러나온다. 한입 크기라 먹기 편하고 그릇에 덜어내기도 좋다. 시원하게 담근 깍두기와 그 국물은 뽀얗게 우려낸 설렁탕 같은 고기 국물과 찰떡궁합.

총량 4ℓ

무 중간 것 2개
굵은소금 ⅓컵
미나리 ⅓단
쪽파 6뿌리

고춧가루 ⅔컵
새우젓 ¼컵
생강청 4큰술
다진 마늘 1큰술
굵은소금 약간

소금물
물 ½컵
고운 소금 ¼작은술

01 무는 부드러운 수세미로 문질러 씻는다.
02 무 표면의 얼룩이나 더러운 부분은 칼등으로 긁고, 무청 부분의 껍질은 칼로 벗겨 낸다.
03 손질한 무는 2cm 두께로 썬 다음 다시 사방 2cm 크기로 깍둑 썬다.
04 ③에 분량의 굵은소금을 뿌리고 버무려 2시간 정도 절인다.
05 미나리는 깨끗이 씻어 잎은 떼고 줄기만 다듬어 2cm 길이로 썬다.
06 쪽파는 뿌리와 겉잎을 제거해 깨끗이 씻어 물기를 뺀 다음 2cm 길이로 썬다.
07 새우젓은 곱게 다진다.
08 무가 약간 말랑거리고 수분이 빠져나와 물기가 생기면 무를 건져 채반에 밭쳐 물기를 뺀다.
09 무에 고춧가루만 넣고 골고루 버무린다.
10 ⑨에 다진 새우젓, 생강청, 다진 마늘을 넣고 버무린다.
11 ⑩에 미나리와 쪽파를 넣고 살살 버무려 굵은소금으로 간해 통에 담는다.
    기호에 따라 간을 하되, 담가서 바로 먹는 김치이므로 짜지 않아야 한다.
12 소금물로 깍두기 버무린 그릇에 남은 양념을 헹궈 깍두기 위에 붓는다.
13 실온에서 1~2일, 냉장실에 3일 정도 두었다 먹는다.

+TIP
깍두기는 무의 씹는 질감이 맛을 좌우한다. 무는 껍질을 수세미로 문질러 닦고 껍질째 담가야 씹히는 맛이 좋다. 같은 양념으로 당근, 양파, 양배추처럼 단단한 채소를 썰어 넣어 버무리면 손쉽게 별미 김치를 만들 수 있다. 깊고 진한 맛을 좋아한다면 굵은소금 대신 멸치액젓으로 간하고, 생강청이나 매실청 양을 가감해 단맛을 조절한다. 매콤한 깍두기를 맛보고 싶다면 청양고추 3~5개 정도를 어슷 썰어 양념과 함께 버무린다.

● 깍두기 만드는 법

1 무는 사방 2cm로 깍둑 썬다.

2 무에 소금을 뿌려 2시간 동안 절인다.

5 절인 무는 물기를 뺀다.

6 고춧가루로 먼저 버무린다.

3 미나리와 쪽파는 2cm 길이로 썬다.

4 새우젓은 곱게 다진다.

7 나머지 양념을 넣어 버무린다.

8 미나리와 쪽파를 넣어 섞는다.

9 소금물로 양념을 헹궈 통에 붓는다.

섞박지는 물이 많고 시원하면서도 단맛이 좋은 김장철 무로 담가야 제맛이다.

섞박지

무를 큼직하게 썰어 매콤 새콤하게 버무려 먹는 김치. 섞박지용 무는 늦가을이나 초겨울에 나온 것으로 담가야 맛있다.
간은 심심하게 하고 김장하다 남은 배추와 각종 해산물을 고루 섞어 담그면 시원한 맛이 배가된다.

총량 4ℓ

무 2개
굵은소금 ¼컵

고춧가루 ⅓컵
멸치액젓 ⅓컵
찹쌀풀 ½컵
생강청 2큰술
다진 마늘 1큰술
새우젓 1큰술

소금물
물 1컵
고운 소금 1작은술

01 무는 부드러운 수세미로 문질러 씻는다.
02 무 표면의 얼룩이나 더러운 부분은 칼등으로 긁고, 무청 부분의 껍질은 칼로 벗긴다.
03 손질한 무는 2cm 두께로 썬다. 무가 너무 크면 다시 반으로 썬다.
04 무에 분량의 굵은소금을 뿌리고 버무려 1시간 동안 절인다.
05 무가 앞뒤로 탄력 있게 휘어질 정도로 절여지면 채반에 밭쳐 무 표면이 마른 느낌이 들 때까지 물기를 뺀다.
06 새우젓은 곱게 다진다.
07 고춧가루, 멸치액젓, 찹쌀풀, 생강청, 다진 마늘, 다진 새우젓을 모두 섞어 양념을 만든다.
08 ⑦의 양념에 무를 넣고 골고루 버무려 통에 차곡차곡 담는다.
09 김치 버무린 그릇에 소금물을 부어 양념을 헹궈 김치 위에 붓는다.
10 상온에서 하루 정도 두었다가 냉장실에서 10일 정도 익혀 먹는다.

+TIP

대형 마트에서 구입하는 무는 무청이 없는 경우가 대부분이지만 무청이 달린 제철 무를 구했다면, 4~5cm 길이로 잘라 무와 함께 절여 버무린다. 무청 양이 많다면 2cm 정도 길이로 썰어 쇠고깃국에 넣거나, 살짝 데쳐 된장과 멸치육수를 넣고 볶아 먹어도 맛있다.

● 섞박지 만드는 법

1. 무청을 자르고 껍질을 긁어낸다.

2. 무는 2cm 두께로 썬다.

5. 새우젓은 곱게 다진다.

6. 양념을 골고루 섞는다.

무에 굵은소금을 뿌리고
1시간 동안 절인다.

절인 무는 물기를 뺀다.

무에 양념을 넣고 버무린다.

소금물로 양념을 헹궈 통에 붓는다.

총각김치는 무부터 먼저 절이고 무청은 나중에 살짝만 절여야 아삭하고 맛있다.

총각김치

늦가을 통통하게 살이 오른 알타리무로 담근 총각김치는 푹 익혔다 두고두고 꺼내 먹기 좋은 반찬이다. 이때 알타리무는 단단한 것을 골라야 씹는 맛이 좋고, 크기에 따라 2등분하거나 4등분해 담가야 먹기 편하고, 속까지 양념이 밴다.

총량 5.5ℓ

알타리무 1단(2.5kg)
물 3ℓ
굵은소금 1⅔컵

고춧가루 ¾컵
다시마찹쌀풀 3컵
다진 마늘 ⅓컵
멸치액젓 ⅓컵
생강청 3큰술
새우젓 1큰술
굵은소금 약간

소금물
물 ½컵
고운 소금 ½작은술

01 알타리무는 시든 잎과 잔뿌리를 잘라내고, 밑동의 흙 묻은 부분을 칼로 깔끔하게 도려낸다.
02 무는 솔로 문질러가며 깨끗이 씻는다.
03 알타리무가 잠길 정도의 그릇을 준비해 분량의 물을 붓고 굵은소금을 풀어 녹인 다음 알타리무를 세워 넣어 2시간 동안 절인다.
04 무청이 절여지도록 눕혀 1시간 동안 더 절이되 무르도록 절이면 맛이 없으니 탄력 있게 휘어질 정도로만 절인다.
05 절인 알타리무는 깨끗한 물에 두세 번 헹구고 건져 물기를 뺀다. 체에 받쳐 물이 흐르지 않을 정도로 물기를 제거한다.
06 새우젓은 곱게 다진다.
07 고춧가루, 다시마찹쌀풀, 다진 마늘, 멸치액젓, 생강청, 다진 새우젓을 넣고 골고루 섞어 10분간 불려 양념을 만든다.
08 알타리무와 무청에 ⑦의 양념을 바르듯이 잘 버무린다.
09 무청을 돌돌 말아 정리해 한 방향으로 통에 차곡차곡 담는다.
10 김치 버무린 그릇에 소금물을 부어 양념을 헹궈 김치 위에 붓는다.
11 1~2일 정도 서늘한 곳에 두었다가 냉장실에 넣고 20일 지나 먹는다.

+TIP
총각김치는 항상 무만 골라 먹다 보니 무청만 남게 되는 경우가 있다. 푹 익은 무청은 물에 한두 시간쯤 담가두었다가 씻어 물기를 꼭 짠 뒤 된장이나 고추장에 볶아 반찬을 만들거나, 양념을 털어내고 고등어나 갈치조림에 넣어도 맛있다.

총각김치 만드는 법

1. 알타리무의 무와 무청을 다듬는다.
2. 무 부분만 소금물에 먼저 절인다.

5. 새우젓은 곱게 다진다.
6. 양념을 골고루 섞는다.

3

무청까지 담가 1시간 동안 절인다.

4

물에 헹궈 물기를 뺀다.

7

무와 무청에 양념을 바르듯이 버무린다.

8

소금물로 양념을 헹궈 통에 붓는다.

동치미는 국물과 건더기를 함께 먹기 때문에 간은 심심하게 해야 좋다.

동치미

짭조름한 무와 시원한 배가 만나 톡 쏘면서 시원한 맛이 나는 국물 김치. 국물과 건더기를 같이 먹기 때문에 간이 심심해야 한다. 무를 절여 익히는 방법은 같지만 청각, 유자, 오이 등 기호에 따라 다양한 재료를 넣어 맛과 향을 더할 수 있다.

총량 8.5ℓ

동치미 무 4개
청갓 350g
생강 ½톨
청양고추 5개
마른 고추 5개
굵은소금 ½컵
물 4ℓ
고운 소금 2큰술

01 동치미 무는 부드러운 수세미로 문질러 깨끗이 씻는다.
02 무청 밑동에 낀 흙과 검은 부분, 시든 잎, 잔뿌리를 제거하고 무청은 따로 잘라낸다.
03 무는 굵은소금에 굴리고, 무청에 굵은소금을 골고루 뿌려 1시간 정도 절인다.
04 청갓은 깨끗이 씻어 길이로 반 썬다.
05 생강은 껍질 벗겨 깨끗이 씻어 편 썬다.
06 분량의 물에 절인 무와 무청을 헹구고 물은 버리지 않고 둔다.
07 김치 통에 청갓을 깐 후 그 위에 청양고추, 마른 고추, 생강 편을 섞어 올린다.
08 ⑦위에 절인 무와 무청을 담는다.
09 무를 헹군 ⑤의 물맛을 보고 싱거우면 고운 소금을 섞어 간을 한다.
10 ⑨를 체에 걸러 가며 ⑦의 통에 살살 붓는다.
11 ⑩위에 김발을 올린 후 누름돌을 올려 재료가 떠오르지 않도록 눌러 보관한다.
12 2일 정도 서늘한 곳에서 보관한 후 냉장실 넣어 15일 이상 숙성시켜 먹는다. 낮은 온도에서 천천히 익혀야 국물이 맑고 맛이 좋다.

+TIP

동치미가 더욱 깔끔한 모양과 맛을 내려면 무 외의 재료는 면포에 넣고 익힌다. 이때 재료가 국물 위로 떠오르지 않도록 잘 눌러준다. 홍갓을 넣으면 보랏빛으로 예쁘게 물든 동치미를 만들 수 있다. 동치미는 삭힌 고추를 넣어야 제맛인데 소금물이나 간장에 고추를 1주일 이상 절여야 하므로, 미리 준비하지 못했다면 반찬 가게에서 소량 구입해 함께 절이도록 한다. 청양고추나 마른 고추씨를 넣어 칼칼한 맛을 더할 수 있다.

🟠 동치미 만드는 법

무와 무청을 다듬고 무청은 자른다.

무는 소금에 굴리고
무청은 소금을 뿌려 절인다.

헹굼물은 소금으로 간한다.

김치 통에 청갓을 깔고,
고추와 생강을 올린다.

청갓은 반으로, 생강은 편으로 썬다.

분량의 물에 절인 무와 무청을 헹군다.

무와 무청을 담는다.

헹굼물을 체에 내려 붓는다.

누름돌로 눌러 보관한다.

열무김치는 소금에 절이거나 양념에 버무릴 때 살살 다뤄야 풋내 없이 먹을 수 있다.

열무김치

봄과 여름의 입맛을 돋우는 데 그만인 열무김치. 열무보다는 잎과 줄기를 먹기 위한 김치라 줄기가 굵고 초록 잎이 풍성한 것을 고르는 게 좋다. 풀물을 넉넉히 부어 시원한 국물 김치로 담거나 젓갈로 간을 해 팍팍한 무침으로도 먹을 수 있다. 잘 익은 열무김치는 비빔밥이나 냉면으로도 활용할 수 있다.

총량 5.5ℓ

열무 1단(1.5kg)
양파 1개
홍고추 4개
청양고추 2개
굵은소금 4큰술

찹쌀풀 2컵
고춧가루 12큰술
생강청 8큰술
다진 마늘 4큰술
조선간장 ¾컵

소금물
물 ½컵
고운 소금 ¼작은술

01 열무는 시든 겉잎은 떼어내고 통통한 무만 칼로 긁어 껍질을 벗겨 흐르는 물에 여러 번 깨끗이 씻어 물기를 뺀다.
02 열무는 5cm 길이로 썰고, 통통한 무는 반으로 가른다.
03 깨끗이 씻은 고추는 어슷하게 썬다. 양파는 껍질을 벗긴 후 채 썬다.
04 손질한 열무에 굵은소금을 골고루 뿌린 후 1시간 정도 절인다.
05 찹쌀풀, 고춧가루, 생강청, 다진 마늘, 조선간장을 골고루 섞어 불려 양념을 만든다.
06 양념에 열무, 고추, 양파를 넣어 가볍게 버무린 후 통에 담는다.
07 김치 버무린 그릇에 소금물을 부어 양념을 헹궈 김치 위에 붓는다.
08 실온에서 하루 정도 숙성시킨다.

+TIP

김치를 담글 때 조선간장은 담백한 맛을. 소금은 깔끔한 맛을 내며 액젓을 넣으면 맛이 더욱 깊고 진해진다. 생강청과 매실청을 반반 섞어 넣으면 산뜻한 맛을 더할 수 있다.
양념을 넣고 버무릴 때 열무가 으깨지면 풋내가 심해지니 살살 뒤적이듯 버무린다.
녹말가루 1큰술을 넣고 살살 뒤적이면 특유의 풋내가 없어지고 맛도 한결 부드러워진다.

● 열무김치 만드는 법

1 통통한 무만 껍질을 벗긴다.

2 깨끗이 씻어 물기를 뺀다.

3 5cm 길이로 썬다.

5 굵은소금을 뿌려 1시간 절인다.

6 양념을 섞어 불린다.

고추는 어슷 썰고, 양파는 채 썬다.

손질한 채소를 양념에 살살 버무린다.

통에 담고 소금물로 양념을 헹궈 붓는다.

열무물김치

풋풋한 향과 산뜻한 맛의 열무물김치. 열무는 절이기 전에 깨끗이 씻고, 소금으로 절인 뒤에는 헹구지 않아야 특유의 향을 살릴 수 있다. 찹쌀풀 대신 밀가루풀이나 밥을 으깨 넣기도 하며, 절인 열무에 국물을 붓고 나서 소금 간을 맞춰야 정확하다.

총량 8.5ℓ

열무 1단(1.5kg)
굵은소금 ⅓컵
청양고추 8개
홍고추 4개
물 1ℓ

국물
고춧가루 2작은술
찹쌀풀 2컵
다진 마늘 ⅓컵
생강청 1큰술
물 3ℓ
다시마물 2컵
고운 소금 1큰술
멸치액젓 1큰술

01 열무는 시든 겉잎을 떼고 통통한 무만 칼로 긁어 껍질을 벗겨낸다.
02 손질한 열무는 흐르는 물에 여러 번 깨끗이 씻어 물기를 뺀다.
03 분량의 물에 굵은소금을 풀어 녹인 다음 열무를 넣어 절인다.
04 ③의 열무를 절이다가 15분 정도 지나면 뒤집고 30분 정도 지나 무청이 부드러워지면 체에 받쳐 물기를 뺀다.
05 찹쌀풀과 고춧가루를 골고루 섞어 불린다.
06 청양고추와 홍고추는 어슷하게 썰어 물에 헹궈 씨를 뺀다.
07 물에 다시마물, 고운 소금, 멸치액젓을 넣어 간을 맞춘 다음 ⑤와 다진 마늘, 생강청을 넣어 골고루 섞는다.
08 ⑦의 국물을 체에 한 번 거른다.
09 절인 열무를 김치 통에 담은 후 고추를 골고루 올린다.
10 ⑧의 국물을 ⑨위에 골고루 끼얹고 한 번 더 간을 본다.
11 실온에서 반나절 보관한 후 냉장실에 넣어 일주일 정도 숙성시켜 먹는다.

+TIP
칼칼한 맛을 좋아한다면 마른 고추씨를 추가한다. 국물 양은 기호에 따라 조절하고, 소금으로 간을 맞춰야 깔끔한 맛이 난다. 물 대신 다시마물을 끓여 식힌 뒤 붓기도 하고, 연한 풋배추를 섞어 담아도 맛있다.

● 열무물김치 만드는 법

통통한 무만 껍질을 벗긴다.

깨끗이 씻어 물기를 뺀다.

소금물에 열무를 절인다.

고춧가루와 찹쌀풀을 섞어 불린다.

모든 재료를 섞어 양념 국물을 만든다.

4

5

고추는 어슷 썰어 씨를 뺀다.

절인 열무를 건져 물기를 뺀다.

8

9 10

통에 열무를 담고 고추를 뿌린다.

양념 국물은 체에 거른다.

국물을 골고루 끼얹는다.

나박김치는 고춧가루나 젓갈을 적게 넣어야 시원하고 깔끔한 맛이 살아난다.

나박김치

한입 크기로 나박나박 썰어 담가 먹는 김치라 해서 이름 붙은 나박김치. 대표적인 물김치 중 하나로 무와 배추가 주재료다. 계절에 상관없이 담글 수 있고, 맵지 않아 누구나 먹을 수 있다. 젓갈을 쓰지 않고, 고춧가루를 적게 사용하는 것이 특징. 개운한 맛이 좋아 국수를 말아 여름철 별미로도 즐긴다.

총량 8.5ℓ

무 1개
배추 1포기
굵은소금 ½컵
미나리 30g
실파 60g
홍고추 3개

찹쌀풀 1컵
다진 마늘 1작은술
생강청 3큰술
물 4ℓ
고춧가루 ½컵

01 무는 부드러운 수세미로 문질러 씻은 후 2cm 두께로 썬다.
02 무는 한입 크기로 납작하게 나박썰기한다. 배추는 4등분하여 나박썰기한다.
03 무와 배추에 소금을 넣고 함께 버무려 절인다.
04 ==무와 배추의 물기가 빠져 부드럽게 휘어질 정도로 숨이 죽으면 채반에 건지고 소금물은 따로 받는다.==
05 미나리는 깨끗이 씻어 잎을 떼어내고 3cm 길이로 썬다.
06 실파는 뿌리와 떡잎을 제거하고 깨끗이 씻어 3cm 길이로 썬다.
07 홍고추는 어슷썰기한다.
08 찹쌀풀, 다진 마늘, 생강청, 손질한 홍고추를 함께 골고루 섞는다.
09 ⑧에 절인 무와 배추를 넣어 가볍게 버무린 후 미나리와 실파를 섞어 김치 통에 담는다.
10 ==분량의 물에 고춧가루를 체에 걸러 풀고 ④의 소금물을 섞어 간을 맞춘다.==
11 ⑩의 국물을 고운체에 걸러 김치 통에 붓는다.
12 상온에서 반나절 보관한 후 냉장실에 넣어 3일 정도 숙성시켜 먹는다.

+TIP
국물에 간을 맞추면 재료가 무를 수 있으니 절인 무와 배추에 간을 맞춰야 한다.
대파를 쓸 경우 흰 부분만 사용해야 파에서 진이 나와 맛을 해치는 것을 방지할 수 있다.

● **나박김치 만드는 법**

1. 무와 배추는 나박하게 썬다.
2. 소금에 절인다.
5. 찹쌀풀, 생강청, 다진 마늘, 홍고추를 섞는다.
6. 무와 배추의 절임물은 따로 받는다.
7. 손질한 재료에 양념을 넣고 섞는다.

3. 미나리와 실파는 3cm 길이로 썬다.

4. 홍고추는 어슷하게 썬다.

8. 통에 담는다.

9. 물에 고춧가루를 풀고 받아둔 절임물과 섞는다.

10. 통에 붓는다.

오이 다섯 개, 부추 한 단처럼 어디서나 **쉽게 구할 수 있는 재료**로 별미 김치를 만들 수 있다. 식사 준비하며 쓱쓱 무쳐내면 아삭거리는 **채소의 싱싱함**을 만끽할 수 있고, 넉넉히 담가두면 한 달쯤 밥반찬 삼아 먹을 수 있다. 김치 초보라 김장에 도전하기 부담스럽다면 만드는 방법이 간단한 특별한 맛 김치에 도전해보자. **신선한 제철 채소**에 고춧가루와 젓갈만 넣어도 풍성한 맛을 낼 수 있다.

오이소박이는 오이를 절일 때 물기를 충분히 빼줘야 아삭함과 양념의 맛깔스러움이 살아난다.

오이소박이

상큼한 오이 향과 씹는 소리까지 시원한 여름 별미, 오이소박이. 자박한 국물과 개운한 감칠맛, 부추의 산뜻한 향까지
더해져 입맛을 돋운다. 담그자마자 먹으면 오이의 신선함을 맛볼 수 있고, 며칠 익혀 잘게 썰어 흰밥 위에 올리고
고추장과 참기름, 깨소금을 넣어 비벼 먹어도 맛있다.

총량 2ℓ

오이 8개
물 6컵
굵은소금 ⅓컵
부추 250g
양파 ½개

고춧가루 ¼컵
다시마물 ¾컵
찹쌀가루 ¾큰술
다진 마늘 ¼컵
생강청 1큰술
멸치액젓 ¼컵

01 오이는 깨끗이 씻어 길이로 반 가른 후 숟가락으로 씨 부분만 긁어낸다.
02 분량의 물에 굵은소금을 넣고 한소끔 끓여 뜨거울 때 손질한 오이에 붓는다.
03 오이가 부드러워질 때까지 2시간 정도 절인 다음 물에 헹구지 않고
그대로 체에 밭쳐 물기를 뺀다.
04 부추는 깨끗이 씻어 2~3cm 길이로 썬다.
05 양파는 껍질 벗겨 채 썰어 부추와 같은 길이로 한 번 더 썬다.
06 다시마물에 찹쌀가루를 넣어 끓인다. 찹쌀풀을 만들어두었다면 분량의 다시마물과 섞는다.
07 고춧가루, 다진 마늘, 생강청, 멸치액젓, ⑥의 찹쌀풀을 섞어 10분 정도 불려 양념을 만든다.
08 양념에 부추와 양파를 넣어 골고루 섞어 부추무침을 만든다.
09 오이 씨를 긁어낸 부분에 부추무침을 적당량씩 나눠 담아 채운다.
10 부추무침 얹은 부분이 위로 오도록 통에 차곡차곡 담는다.
11 실온에 하루 보관 후 냉장실에서 3일 정도 익혀 먹는다. 기호에 따라 바로 먹어도 된다.

+TIP
오이소박이는 다다기오이나 취청오이 모두 사용할 수 있다. 오이소박이 양념에 양배추나
깻잎을 버무려 양배추김치, 깻잎김치를 만들어도 좋고, 양파나 가지에 십자로 칼집을 내고
부추무침을 채워 3일 정도 숙성 후 먹어도 맛있다.

● **오이소박이 만드는 법**

1. 오이의 씨 부분을 파낸다.

2. 물에 소금을 넣고 한소끔 끓인다.

5. 양념을 만들어 10분간 불린다.

6. 부추와 양파를 양념에 버무려 소를 만든다.

3

오이에 소금물을 부어 2시간 동안 절여 물기를 뺀다.

4

부추와 양파는 짧게 채 썬다.

7

오이에 소를 채워 넣는다.

8

통에 담는다.

부추나 파로 담근 김치는 바로 버무려 먹으면 제맛과 향을 진하게 느낄 수 있다.

부추김치

부추김치는 특유의 상큼하고 진한 향이 입맛을 돋운다. 막 무쳐낸 부추김치는 고기를 구워 먹을 때나 여러 가지 탕 요리 등에 잘 어울린다. 넉넉하게 무쳐두고 숨을 죽여 먹는 부추김치는 입맛 돋우는 짭조름한 밥반찬으로 제격이다.

총량 1ℓ

부추 400g

생강청 2큰술
조선간장 6큰술
고춧가루 6큰술

01 부추는 떡잎과 누런 잎을 제거하고 깨끗이 씻어 물기를 뺀다.
02 손질한 부추는 5cm 길이로 썬다.
03 생강청, 조선간장, 고춧가루를 모두 섞어 양념을 만든다.
04 ③의 양념에 부추를 넣어 버무린다.
05 통에 살살 담아 눌리지 않게 뚜껑을 덮어 보관한다.
06 바로 먹어도 되고, 오래 익히면 깊은 맛이 난다.

+TIP
간편하게 만들어 먹는 것이 부추김치의 포인트. 미나리, 실파, 쑥갓 등의 재료를 손질해 같은 양념으로 버무려도 맛있다. 조선간장 대신 멸치액젓이나 까나리액젓을 넣으면 더욱 깊은 풍미를 즐길 수 있다. 고춧가루는 취향에 따라 매운맛과 순한 맛을 섞어 사용해도 좋고, 다진 마늘 1큰술을 더하면 매콤하고 알싸한 맛을 느낄 수 있다.

● 부추김치 만드는 법

1

부추는 5cm 길이로 썬다.

2

재료를 섞어 양념을 만든다.

3 4

뒤적이듯 버무린다.

통에 살살 담는다.

파김치

매운맛이 강한 파김치는 주로 전라도 지역에서 많이 담가 먹던 것으로 중간 굵기의 쪽파를 사용한다.
쪽파는 흰 부분이 많은 재래종이 더 달고 김치 담그기에 알맞다. 갓김치와 더불어 오래 묵힐수록
맛의 깊어지는 김치로, 멸치액젓을 넉넉히 넣어 폭 삭혀 먹어야 파김치 맛의 진가를 알 수 있다.

총량 4ℓ

쪽파 500g
멸치액젓 ¼컵

고춧가루 ½컵
찹쌀풀 1컵
다진 마늘 1큰술

소금물
물 1컵
고운 소금 1작은술

01 쪽파는 뿌리와 떡잎을 제거하고 깨끗이 씻어 물기를 없앤다.
02 큰 그릇에 쪽파를 가지런히 담고 멸치액젓을 골고루 끼얹어 30분 정도 절여 숨을 죽인다.
03 쪽파를 절일 때 사용한 멸치액젓은 따로 받는다.
04 고춧가루, 찹쌀풀, 다진 마늘과 ③의 멸치액젓을 섞어 양념을 만든다.
05 절인 쪽파에 ④의 양념을 버무려 통에 담는다.
06 김치 버무린 그릇에 소금물을 부어 헹궈서 김치 통에 붓는다.
07 20일 정도 숙성 후 먹는다.

+TIP
달달한 풍미를 더하고 싶다면 생강청 1큰술을 첨가한다. 쪽파가 제철인 늦가을엔
쪽파 고유의 단맛이 좋아지니 생강청을 넣지 않아도 된다. 대파를 4등분하거나
길게 채 썰어 같은 양념에 버무려 숙성 후 고기를 구워 먹을 때 곁들이면 좋다.

● 파김치 만드는 법

쪽파는 뿌리와 떡잎을 다듬어 씻는다.

멸치액젓에 쪽파를 30분 정도 절인다.

3 쪽파 절인 멸치액젓과 나머지 재료를 섞어 양념을 만든다.

4 양념에 쪽파를 버무린다.

5 통에 담고 소금물로 양념을 헹궈 붓는다.

젓갈, 고춧가루, 풀로 만든 진한 양념에 버무려 먹는 갓김치는 오래 삭혀야 맛있다.

갓김치

전라도 지역에서 빼놓을 수 없는 밑반찬인 갓김치. 갓 특유의 쌉싸래한 향이 강하고 고춧가루를 넉넉하게 넣어 버무리기 때문에 다른 반찬 없이도 입맛 돋우는 데 그만이다. 진한 멸치젓과 찹쌀풀에 버무려 오랫동안 삭히면 맵고 쌉쌀한 맛은 줄고, 감칠맛은 배가된다.

총량 2ℓ

갓 1단(850g)
물 1컵
굵은소금 ½컵

마른 고추 10개
고춧가루 8큰술
찹쌀풀 ½컵
다진 마늘 2큰술
생강청 2작은술
마른 고추씨 2작은술
멸치액젓 ½컵

소금물
물 ½컵
고운 소금 ¼작은술

01 갓은 깨끗이 씻어 누런 잎을 떼어내고, 뿌리의 검은 부분을 칼로 긁어낸다.
02 뜨거운 물에 굵은소금을 넣어 녹인 후 갓의 두꺼운 줄기 부분 위주로 뿌린다.
03 3~4번 뒤집어가며 2~4시간 동안 절인 다음 채반에 밭쳐 물기를 뺀다.
04 마른 고추는 꼭지를 따고 가위로 3등분 해 씨를 턴다. ==털어낸 씨는 따로 2작은술 받아 둔다.==
05 ==④의 마른 고추는 깨끗이 씻어 물에 담가 20분쯤 불린 후 믹서에 다시마물을 조금 넣고 간다.==
06 ⑤와 고춧가루, 찹쌀풀, 다진 마늘, 생강청, 멸치액젓, 마른 고추씨를 골고루 섞어 10분 정도 불려 양념을 만든다.
07 절인 갓에 양념을 골고루 바른다.
08 김치 통에 ⑦을 담고 남은 양념은 소금물로 헹궈 붓는다.
09 상온에서 하루 숙성시킨 후 냉장실에 넣어 한 달 동안 익혀 먹는다.

+TIP

갓은 청갓, 홍갓 두 가지인데 갓김치를 만들 때 종류는 크게 상관없다. 이파리에 보랏빛이 도는 갓이 맛있고, 쪽파를 섞어 담기도 한다. 한 달쯤 익혀야 제맛이 나며, 웃소금을 넉넉히 뿌리면 여름까지 저장해두고 먹을 수 있다. 이파리 부분은 부드러워 쉽게 무를 수 있으니 절일 때 줄기 위주로 물에 담고 이따금씩 뒤적여준다.

● 갓김치 만드는 법

1. 갓은 누런 잎과 뿌리를 제거한다.

2. 뜨거운 물에 소금 풀어 4시간 동안 절인다.

3. 절인 갓의 물기를 뺀다.

4. 마른 고추는 3등분해 씨를 털어 따로 둔다.

5. 마른 고추는 불려 다시마물을 약간 넣고 믹서에 곱게 간다.

6. 골고루 섞어 양념을 만든다.

7   8

절인 갓에 양념을 골고루
바르고 통에 담는다.

소금물로 양념을 헹궈 붓는다.

간장으로 맛을 내는 **장김치**는 짜지 않도록 심심하게 간을 맞추는 것이 중요하다.

장김치

간장 국물을 끓여 재료에 붓는 장김치는 피클 만드는 법과 비슷하다. 간장 국물에서 채소가 발효돼 일반 소금으로 담근 김치와 맛이 다르다. 젓갈이나 고춧가루를 쓰지 않아 간을 심심하게 맞추면 아이 밥반찬으로도 쓸모가 있다. 구운 가래떡이나 떡국과 곁들이면 잘 어울린다.

총량 5.5ℓ

절임배추 1포기
무 1개

조선간장 2컵
사과식초 2컵
설탕 2컵
물 4컵
마른 고추 3개

01 배추는 일반 절임배추와 같은 방법으로 절이되 4시간 정도만 절였다 씻어 건진다.
02 절인 배추는 반으로 쪼갠다.
03 무는 깨끗이 씻어 무청과 뿌리 끄트머리를 잘라내고
    칼로 긁어 껍질을 벗긴 후 2cm 두께로 썬다.
04 조선간장, 사과식초, 설탕을 냄비에 넣고 설탕이 녹도록 골고루 저어 한소끔 끓인다.
05 절인 배추와 무를 김치 통에 담고 마른 고추를 얹어 ④의 양념이 뜨거울 때 붓는다.
06 시원한 곳에서 4일 정도 두었다가 국물만 받아내서 끓여 식힌 다음
    다시 부어 냉장실에 저장한다.

+TIP
양배추, 양파처럼 단단한 채소라면 무엇이든 장김치 재료가 될 수 있다. 배추 외에는
특별히 절일 필요가 없다. 표고버섯, 석이버섯, 밤, 배 등을 넣어 고급스럽게 담글 수 있고,
먹기 전 미나리를 송송 썰어 넣거나, 잣이나 대추를 고명으로 올리기도 한다.

● 장김치 만드는 법

무청과 뿌리를 자르고 껍질을 벗긴다.

2cm 폭으로 썬다.

간장, 식초, 설탕, 물을 끓인다.

배추, 무, 마른 고추를 통에 담고 간장 국물을 붓는다.

5 6

4일 후 국물만 받아 끓인다.

국물을 식혀 다시 붓는다.

풋풋한 맛을 즐기기 위한 막김치는 바로 버무려 통깨를 솔솔 뿌려 먹는다.

막김치

배추를 먹기 좋은 크기로 썰어 양념에 막 버무려 담근 김치다. 썰어 담는 김치라 포기김치만큼 모양은 예쁘지 않지만, 계절 상관없이 소량만 담아 즉석에서 풋풋하고 신선한 맛을 즐길 수 있다. 버무리자마자 통깨를 솔솔 뿌려 먹으면 아삭하고 고소한 배추 맛을 제대로 느낄 수 있다.

총량 4ℓ

배추 1포기
대파 2대
양파 ½개
부추 50g

조선간장 8큰술
고춧가루 6큰술
생강청 4큰술
다진 마늘 3큰술

01 배추는 깨끗이 씻어 4등분하여 한입 크기로 어슷하게 썬다.
02 대파는 뿌리와 떡잎을 제거하고 깨끗이 씻어 4cm 길이로 썬 다음 길이로 4등분한다.
03 양파는 껍질 벗겨 도톰하게 채 썬다.
04 부추는 누런 잎을 제거하고 깨끗이 씻어 4cm 길이로 썬다.
05 조선간장, 고춧가루, 생강청, 다진마늘을 골고루 섞어 양념을 만든다.
06 손질한 모든 재료를 양념에 버무린다.
07 통에 차곡차곡 담아 바로 먹거나,
    하루 숙성시킨 후 냉장실에서 3일 정도 두었다 꺼내 먹는다.

+TIP
막김치는 냉장고 속 다양한 채소를 활용할 수 있다. 통배추 대신 양배추로 담그는 것이
가장 일반적이고 당근, 양파, 오이, 미나리 등 단단하고 생으로 먹기 좋은 채소라면
무엇이든 자유롭게 섞어도 된다.

🟡 **막김치 만드는 법**

1 채소를 먹기 좋게 손질한다.

2 양념을 만든다.

3 4

채소와 양념을 골고루 섞는다.

통에 담는다.

무보쌈김치의 꼬들꼬들한 무의 맛이 제대로 살아나려면 물기를 꼭 짠 다음 양념에 버무린다.

무보쌈김치

맛깔스러운 양념에 꼬들꼬들하게 절인 무를 무쳐 먹는 김치. 절인 무는 물기를 꼭 짜야 하고, 바로 무쳐 먹어야 맛있기 때문에 절여둔 재료는 먹을 만큼만 양념에 버무린다. 수육이나 보쌈, 백숙 같은 담백한 고기 요리와 잘 어울린다.

총량 1ℓ

절임배추 1포기
무 1개
굵은소금 3큰술
설탕 4큰술
쪽파 50g
견과류(호두, 잣 등) 4큰술

고춧가루 1컵
다진 마늘 4큰술
생강청 ½컵
매실청 ½컵
멸치액젓 ⅓컵

01 무는 깨끗이 씻어 무청과 뿌리를 잘라내고 껍질을 칼로 긁어 벗긴 다음 5cm 길이로 썬 후 1.5cm 굵기의 막대 모양으로 썬다.
02 ①의 무에 굵은소금과 설탕을 뿌려 8시간 정도 절인다.
03 쪽파는 뿌리와 겉잎을 제거하고 깨끗이 씻어 4cm 길이로 썬다.
04 절인 무는 체에 밭쳐 물기를 뺀 후 면포로 감싸 물기가 없도록 꽉 짠다.
05 절인 배추는 ¼쪽으로 가른다.
06 분량의 양념 재료를 골고루 섞는다.
07 절인 배춧잎에 ⑥의 양념을 얇게 바르고 먹기 좋은 크기로 썬다.
08 남은 양념에 무, 쪽파, 견과류를 함께 버무린다.
09 ⑦과 ⑧을 섞어 바로 먹는다.

+TIP
견과류를 다양하게 넣으면 영양뿐 아니라 고소함과 씹는 맛도 더할 수 있다. 겨울에는 싱싱한 굴과 함께 버무려 먹기도 하며 미나리, 부추, 실파, 배, 사과 등을 채 썰어 섞기도 한다.

● **무보쌈김치 만드는 법**

1. 무는 손질해 껍질을 벗긴다.
2. 무는 막대 모양으로 썬다.
5. 절인 무의 물기를 짠다.
6. 양념 재료를 모두 섞는다.

소금과 설탕에 절인다.

쪽파는 4cm 길이로 썬다.

절인 배춧잎에 양념을 바르고 먹기 좋게 썬다.

남은 양념에 무, 쪽파, 견과류를 넣고 버무려 배추와 함께 먹는다.

04 김치의 감칠맛 양념

소금은 김치의 맛, 영양, 발효를 완성하는 가장 중요한 재료다

고운 소금

굵은소금

재료를 절이고 짠맛을 내는 소금

김치를 담그는 재료는 무엇이든 간에 소금에 절여야 한다. 소금은 채소에 짭짤한 맛을 주고, 채소가 지닌 영양분을 끌어내며, 고유의 식감을 지켜주는 역할을 한다. 또한 김치가 맛있게 익을 수 있도록 유산균의 활동을 도와 다양한 재료가 한데 어우러져 조화로운 맛을 내는 데 꼭 필요한 재료다. 재료를 절일 때는 굵은소금을 사용하고, 김치 양념을 만들거나, 마지막에 간을 맞추고, 양념을 헹궈내는 소금물을 만들 때는 고운 소금을 사용한다.

굵은소금

굵은소금은 김치 담그는 채소를 절일 때 주로 사용한다. 소금을 바로 뿌리기도 하고, 소금물을 만들어 절이기도 한다. 굵은소금은 대부분 국산 천일염을 선호한다. 천일염은 바닷물을 염전으로 끌어들여 자연 상태에서 증발시켜 만든 소금이다. 천일염은 **간수를 빼지 않으면 씁쓸한 맛이 나기 때문에 반드시 3년 정도 간수를 뺀 것**으로 김치를 담가야 한다. 알이 굵고 반투명하며, 첫맛은 짭짤하지만 뒷맛이 달아야 좋은 것이다. 굵은소금은 손으로 비볐을 때 **촉촉하지만 눅진하지 않고 보송보송한 느낌이 들어야 한다.** 또한 알이 굵고 반투명하며 **입자의 각이 고르게 살아 있고 잘 으깨지지 않아야 한다.** 색이 거뭇거뭇한 것이 국산일 확률이 높다. 중국산 소금은 쓴맛이 날 수 있고, 화학 성분이 들어간 소금은 김치를 쉽게 무르게 하므로 피하는 것이 좋다. 김치를 절일 때는 굵은소금을 넣고 막 끓인 물로 재료를 절이면 시간도 줄어들고 아삭한 식감을 높여준다. 소금물로 절이면 재료 구석구석 닿아 전체적으로 골고루 절여지는 것도 장점. 재료가 질기고 두꺼운 부분에 먼저 닿게 절이고, 나중에 부드러운 부분을 절인다. 굵은소금을 대나무나 도자기에 넣고 일정한 온도와 시간에 맞춰 구워낸 구운 소금을 사용해도 된다.

고운 소금

고운 소금은 김치 양념의 간을 맞추거나 양념을 헹궈내는 소금물을 만들 때 사용한다. 굵은소금을 팬에 볶아 곱게 간 것으로, 대나무나 도자기에 구운 소금을 곱게 갈아 사용해도 된다. **화학 성분이 들어간 정제소금을 사용하면 김치의 발효를 방해해 이상한 냄새가 나거나, 쉽게 무르고 실 수 있으니** 천연 성분으로 된 것인지 반드시 확인해야 한다. 고운 소금이 없다면 굵은소금을 넣고 끓인 소금물로 김치 간을 맞추면 된다.

고춧가루

고추

마른 고추

고추는 칼칼하게 매운맛을 내며
살균과 발효를 돕는다

칼칼하게 매운맛을 내는 고추

고추는 김치의 매운맛을 내는 가장 중요한 재료다. 고추는 맛뿐 아니라 김치의 저장성도 좋게 한다. 김치에 고추나 고춧가루를 넣으면 채소와 젓갈의 산패를 막으면서 발효의 맛은 유지시켜주는 중요한 역할을 한다. 더욱 칼칼하고 개운한 김치 맛을 내고 싶다면 양념에 마른 고추씨를 섞으면 된다.

고추	홍고추와 청양고추는 김치 재료로 종종 쓰인다. 반면, 풋고추나 오이고추처럼 매운맛과 향이 덜한 고추는 그 자체가 김치의 주재료가 되지 않는 한 양념으로 잘 쓰지 않는다. 홍고추는 양념이 진하지 않은 김치에 칼칼한 개운함을 살리기 위해 사용한다. 청양고추는 입맛에 따라 매운맛을 더하고 싶을 때 넣는다. 고추는 꼭지를 떼고 송송 썰어 넣는데, 양념에 **버무려 먹는 김치에는 그대로 넣고 국물 김치에는 물에 헹궈 씨를 털어낸 뒤 넣어야 맛이 깔끔하다.** 젓갈이 많이 들어가거나 마른 고추를 갈아 만든 양념으로 버무린 김치는 색이 탁해지는데 이럴 때 홍고추를 갈아 양념에 섞으면 고운 색을 낼 수 있다.
마른 고추	마른 고추는 말리는 방법에 따라 햇볕에 말린 태양초와 기계로 말린 것이 있다. 100% 태양초는 구하기 힘들지만 1차 햇볕에 말리고, 2차 기계로 말린 국산 고추는 쉽게 구할 수 있다. 마른 고추는 **붉은색이 선명하고 윤기가 나며 껍질이 도톰한 것이 맛있다.** 꼭지 부분이 검은색을 띠는 것은 피하고 **꼭지가 굵지 않으면서 노랗게 말라 있어야 제대로 건조된 것이다.** 마른 고추를 물에 불려 곱게 갈아 양념에 섞으면 빛깔이 선명해지고 맛도 훨씬 풍부해진다. 마른 고추씨를 더하면 칼칼하게 매운맛이 입맛을 돋운다. 여러 가지 젓갈이나 부재료가 많이 들어가는 김치일수록 마른 고추와 고추씨 양념을 섞으면 맛이 잘 어우러지며 발효도 잘된다.
고춧가루	김치 담그는 고춧가루는 약간 매운 것이 좋으며 젓갈이 들어가는 김치는 방부제 역할을 하는 고춧가루를 반드시 넣어야 한다. 고춧가루는 **입자가 너무 굵거나 고운 것보다는 중간 것**이 양념했을 때 농도를 맞추기 쉽다. 손질한 채소에 고춧가루를 바로 넣고 버무리는 것보다 젓갈 국물이나 풀에 섞어 미리 불린 다음 버무려야 양념이 골고루 배고 색도 고와진다. 구입할 때는 국산 고추를 깨끗이 씻어 말려 빻은 것인지 반드시 확인한다. **붉은색이 균일하고 이물질이 섞이지 않은 것이 좋으며 매콤한 특유의 향**도 나야 한다. 기계로 말려 빻은 가루는 색이 진하고 단맛이 적은 반면, 태양초 가루는 색이 옅지만 단맛이 좋아 감칠맛이 난다.

짭조름한 젓갈과 간장은 김치에 깊은 맛을 더한다

황석어젓

멸치젓

새우젓

조선간장

짠맛과 함께 감칠맛을 내는 젓갈

젓갈은 그대로 반찬으로 먹기도 하지만 김치에 넣거나 음식 맛을 내는 조미료로 두루 사용된다.
김치에 자주 사용하는 젓갈은 새우젓, 멸치젓, 황석어젓이나 조기젓 정도다. 젓갈과 함께 발효 식품인
조선간장도 김치의 짠맛과 감칠맛을 내는 재료로 빠질 수 없다.

새우젓

새우젓은 지역에 상관없이 가장 많이 먹는 젓갈이다. 김치를 담글 때뿐 아니라 볶음, 무침, 국, 찌개 등에 넣어 간을 맞추기도 하며 파, 마늘, 참기름, 고춧가루 같은 양념을 섞어 반찬으로도 먹는다. 젓갈을 담글 때 사용하는 새우에 따라 풋젓, 데뜨기젓, 동백하젓, 오젓, 추젓, 동젓 등 그 이름도 다양하다. **김치를 담글 때는 6월에 잡힌 새우로 만든 육젓을 주로 사용한다. 연홍색을 띠며 껍질이 얇고 살이 많아 새우젓 중 제일로 친다.** 새우젓은 김치의 간뿐 아니라 시원하면서 개운한 맛을 더하고 여러 가지 채소나 양념과 두루 잘 어울린다.

멸치젓

멸치젓은 김치의 기본 간을 맞추면서 감칠맛을 낸다. 건더기가 있는 생젓과 국물만 걸러낸 액젓이 있다. **김치 담글 때는 주로 비린내가 적고, 색이 옅은 액젓을 많이 사용한다.** 오래 묵혀두고 먹는 김치에는 액젓과 생젓을 함께 넣으면 익을수록 맛이 진해진다. 멸치젓으로만 간을 하면 김치 색이 검어지거나 맛이 텁텁할 수 있어 새우젓, 조선간장과 함께 섞어 간을 맞추기도 한다. 멸치젓은 봄철에 담근 것을 춘젓, 가을에 담근 것을 추젓이라고 하는데 춘젓이 더 맛있다. **액젓은 색이 맑고 비린내가 없으며 짜지 않은 것이 좋다.**

황석어젓

황석어젓은 참조기 새끼와 비슷하게 생긴 황석어로 담근 젓갈로 조기젓으로 대신할 수 있다. 중부지방에서는 황석어젓, 전라도에서는 황숭어리젓·황실이젓이라고 불리며 김치 담글 때 두루 쓰인다. 통째로 김치에 넣기도 하지만 **대부분 살은 곱게 다지고 국물에 물을 섞어 한 번 달여서 김치 양념에 넣는다.** 구수한 맛과 냄새가 좋아 자극적인 맛보다는 심심하고 담백하게 담가 먹는 김치에 잘 어울린다. 김칫국물의 맛을 진하게 내고 싶을 때 넣어도 좋다. 반찬으로 먹을 때는 살을 잘게 다져 양념에 무치거나 물을 약간 부어 쪄 먹으면 맛있다.

조선간장

집간장, 국간장으로 불리는 조선간장은 젓갈과 함께 김치의 짠맛을 더하며, 여러 가지 식재료의 발효를 돕는다. 마늘, 파 등의 향신재료나 고춧가루를 넣지 않고 담그는 김치에 빠질 수 없는 중요한 양념 재료다. **간장을 넣고 담근 김치는 발효 냄새가 덜하며 시간이 지나도 맛의 변화가 적다.** 젓갈과 조선간장을 섞어 김치를 담그면 젓갈의 비린내는 잡아주고, 감칠맛은 살려주는 역할도 한다.

김치의 발효를 돕고 과도한 신맛을 잡아준다

생강청

설탕

매실청

은은한 단맛을 내는 청과 설탕

김치는 주로 소금과 젓갈, 고춧가루를 이용해 맛을 내지만 약간의 단맛이 첨가되면 훨씬 깊은 맛이 나기도 한다. 특히 젓갈을 많이 사용하지 않고 심심하게 담그는 김치에 단맛 재료를 넣으면 시원한 맛이 우러난다. 단맛을 낼 수 있는 재료는 설탕이 가장 구하기 쉽지만 자연 재료를 활용해 담근 청이나 제철 과일을 사용하는 것이 좋다.

생강청 **생강을 김치에 많이 넣으면 쓴맛이 나기 때문에 설탕에 재워 숙성시킨 생강청을 만들어 넣는 것이 좋다.** 생강과 설탕은 따로 넣어도 되지만 숙성되지 않은 재료라 생강청을 넣었을 때보다 깊고 부드러운 맛이 덜하다. **건더기가 있는 생강차를 곱게 갈아서 사용해도 된다.** 단, 시중에서 판매하는 생강차는 생강의 함유량이 적고 특유의 맛과 향이 떨어질 수 있으니 신선한 생강과 함께 갈아서 사용한다.
생강청 생강과 설탕의 비율을 3:2로 계량해 믹서에 넣고 곱게 갈아 소독한 밀폐용기에 담고 일주일 이상 숙성시키면 된다.

매실청 매실청은 매실의 꼭지를 제거하고 같은 양의 설탕과 섞어 일정 기간 재워두었다가 액만 거른 것으로 달면서도 새콤하고 향이 개운하다. **매실청을 김치에 넣으면 발효를 돕고, 다른 재료의 잡냄새를 잡아준다.** 매실청이 설탕과 다른 점은 **재료를 무르게 하지 않아 오래 두고 먹는 김치에도 사용할 수 있다**는 것이다. 매실청 대신 사과나 배의 즙을 넣어도 되지만 단맛이 강하지 않고 수분이 나와 자칫 김칫국물이 흥건해질 수 있으니 주의한다.
매실청 알이 굵고 단단한 청매실 1kg을 깨끗이 씻어 물기를 완전히 제거한 다음 꼭지를 뗀다. 설탕 1kg을 준비해 매실과 설탕을 소독한 밀폐용기에 켜켜이 담고 마지막에 매실이 보이지 않도록 설탕으로 두툼하게 덮는다. 뚜껑을 닫고 설탕이 완전히 녹을 때까지 두었다가 골고루 섞어 액만 거른다.

설탕 설탕은 김치에 자주 사용하는 재료는 아니지만 **조금씩 넣으면 맛도 좋아지고 발효도 빨라진다.** 단, 설탕 양이 많으면 김치가 물러지고 들척지근한 맛이 나서 먹을 수 없게 된다. **오래 익히지 않고 바로 먹는 김치에 주로 설탕을 넣고, 젓갈이나 양념이 다양하게 들어가 푹 익혀 먹어야 하는 김치에는 어울리지 않는다.** 김치를 담글 때 설탕은 백설탕이나 황설탕 무엇을 사용해도 상관없지만 설탕을 양념에 바로 섞는 것보다는 생강이나 매실 등을 설탕에 재워 만든 청이나 단맛이 나는 과일을 쓰는 것이 좋다.

풀물은 양념을 잘 어우러지게 하고 발효를 돕는다

풀물

찹쌀가루

쌀가루

양념을 조화롭게 하는 풀물과 맛국물

곡식의 가루나 전분이 있는 채소를 활용해 만든 풀물은 김치의 종류에 따라 들어가는 양이 다르지만 꼭 필요한 재료다. 풀물을 김치에 넣으면 익는 동안 단맛이 좋아지고, 유산균의 먹이가 되어 발효를 촉진한다. 또한 고춧가루, 다진 마늘, 액젓처럼 입자의 크기나 농도가 다른 양념 재료를 골고루 어우러지게 하고 양념이 재료에 잘 붙어 속까지 맛이 배게 하는 역할도 한다.

풀물
풀물은 찹쌀가루, 멥쌀가루, 밀가루 등 다양한 재료로 만들 수 있다. 입맛에 따라 여러 가지 잡곡 가루를 섞거나 전분이 있는 감자나 고구마를 갈아 풀물 대신 넣기도 한다. 김치의 발효를 돕기 때문에 풀물은 오래 두고 먹을 김치나 날씨가 더운 여름에는 적게 넣고, 겨울에는 넉넉하게 넣는 것이 좋다. **젓갈과 고춧가루를 많이 넣는 김치에는 풀물의 농도를 걸쭉하게 쑤어 넣어야 감칠맛이 난다.** 한편 밀가루로 쑨 풀물은 심심하고 시원하게 담그는 김치와 잘 어울린다. 쌀가루로도 풀물을 쑤는데 없을 때는 불린 쌀에 물을 넉넉하게 붓고 죽처럼 묽게 쑤어 사용해도 된다. 쌀알이 발효되면서 삭아 물러지기 때문에 입자 걱정은 하지 않아도 된다. **총각김치나 열무김치에는 반드시 풀물을 쑤어 넣어야 풋내가 나지 않는다.** 풀물은 조금 남겨두었다가 소금물에 섞어 양념을 헹궈내면 그릇에 남아 있는 양념을 알뜰하게 닦아낼 수 있다.

찹쌀풀(1컵) 냄비에 물 1컵과 마른 찹쌀가루 1큰술을 잘 푼다. 약한 불에서 주걱으로 저어가며 바닥이 눌어붙지 않게 끓인다. 반투명해지고 걸쭉한 농도가 되면 불을 끄고 식힌다.

맛국물
김치를 담글 때 맹물 대신 맛국물을 사용하면 감칠맛과 깊은 맛이 한결 좋아진다. 다시마물이 여러 가지 김치에 두루 사용하기 무난하며 버섯 우린 물, 채소 국물, 멸치육수 등도 주로 쓰인다. 재료에서 간이나 맛이 우러나온 **맛국물을 김치에 넣으면 소금이나 젓갈을 적게 쓸 수 있고, 다른 재료의 비린내나 풋내를 잡아주는 역할도 한다.** 맛국물에 가루를 풀어 풀물을 쑤기도 하고, 양념을 갤 때 물 대신 맛국물을 섞기도 한다. 맛국물을 미리 준비하지 못했다면 풀을 끓일 때 자투리 채소나 다시마, 멸치 등을 넣고 풀물을 쑨 다음 식을 때까지 두었다가 건져내거나 체에 거른다.

다시마물(2컵) 냄비에 물 2컵과 다시마 1조각(사방 5cm)을 넣고 끓인다. 끓기 시작하면 바로 불을 끄고 3시간 정도 우려낸 뒤 다시마는 건진다.

김치는 여러 가지 맛과 향을 지닌
채소의 조화가 중요하다

마늘

생강

다채로운 맛과 향이 나는 **양념 채소**

김치에는 주재료로 쓰이는 배추나 무 외에 다양한 맛과 향을 내는 채소가 필요하다. 마늘의 알싸함, 생강의 톡 쏘는 맛, 쪽파와 양파의 달착지근함, 갓의 쌉싸래함, 부추의 향긋함 등이 어우러져야 한다. 이렇게 여러 가지 재료가 절여지고 양념에 버무려져 발효되면서 조화로운 김치의 맛을 만들어낸다.

마늘   알싸하게 매운맛이 나며 향이 독특한 마늘은 **김치가 쉽게 상하지 않도록 살균 작용과 방부제 역할도 한다.** 마늘은 꼭지를 떼고 빻거나 다져서 김치에 넣어야 맛이 좋은데 **믹서를 사용한다면 입자가 굵게 간다.** 시중에 판매하는 다진 마늘은 요리에 조금씩 사용할 때 넣는 것은 괜찮지만 김치에 많은 양을 넣으면 진물이 생길 수 있다. 매운맛이 강하고 수분 함량이 적으며 **껍질이 자줏빛이고 알이 고르고 굵은 육쪽마늘이 좋다.**

생강   생강은 김치에 절대로 빠질 수 없는 재료지만 **많이 넣으면 쓴맛이 난다.** 오래 두고 먹을 김치에는 생강을 적게 넣고 국물 김치에는 간 생강 대신 편 생강을 넣어야 깔끔하다. **생강은 껍질을 많이 벗기면 독특한 맛과 향이 줄어드니** 숟가락으로 긁거나 거친 수세미로 문질러 껍질을 벗긴다.

쪽파와 실파   김치를 담글 때는 미끈한 **진액이 나오는 대파보다 맛이 깔끔하고 매콤하면서 달착지근한 쪽파나 실파가 잘 어울린다.** 쪽파는 뿌리가 둥글고 통통하며 이파리에 광택이 있으며 전체 길이가 짧은 것이 좋다. 실파는 줄기가 곧고 부드러우며 흰 부분이 많아야 맛있다.

갓   톡 쏘는 쌉싸래한 맛과 향이 일품인 갓은 김치의 별미 재료 중 하나다. **맛은 별 차이가 없지만 청갓은 동치미나 백김치에, 홍갓은 양념에 많이 쓴다.** 갓은 오래 절이면 수분이 빠져 질겨지니 소금물에 살짝만 절여야 맛있다. 줄기는 길고 억세지 않으며 까슬까슬해야 하고 잎은 통통하고 넓어야 한다.

부추   부추는 독특한 향으로 김치의 맛을 더하는 재료다. **어리고 여린 것이 맛과 향이 진하며 색이 짙고 길이가 짧으며 통통한 것이 싱싱하다.** 부추는 숨이 빨리 죽기 때문에 절일 필요 없이 바로 버무려 김치를 담그면 된다. 손질할 때 너무 잘게 썰면 김치가 지저분해질 수 있으니 4~5cm 정도로 준비한다.

양파   양파는 매콤하면서 달콤하고, 아삭하게 씹는 느낌이 좋아 개운한 김치를 담글 때 주로 사용한다. 전체적으로 둥글고 양 끝이 뾰족하며 손으로 눌렀을 때 단단한 것이 수분이 많고 맛있다. **양파는 오래 익혀 먹는 김치에는 어울리지 않고, 갈아 넣으면 김칫국물이 너무 달 수 있으니 채 썰어 넣는 것이 좋다.**

한눈에 보는 **양념 배합표**

주재료의 양과 양념의 배합을 한눈에 볼 수 있는 표. 소량의 김치를 담글 때 참고하면 한결 요리가 쉬워진다. 김치는 절일 때, 양념 만들 때, 버무리고 나서 각각 간을 보아 입맛에 맞추는 것이 좋다.

※ 배추는 1포기 2.5kg 기준입니다.
※ 무는 1개 1kg 기준입니다. 1,000㎖ 우유 1팩 무게를 생각하면 쉽게 가늠할 수 있습니다.
※ 1컵(C)은 200㎖, 1큰술(T)은 15㎖, 1작은술(t)은 5㎖ 기준입니다.
※ 물은 다시마물 같은 맛국물을 사용하면 김치 맛이 훨씬 좋아집니다.
※ 김치의 간을 맞추는 고운 소금의 양은 양념 배합에 포함되어 있지 않습니다.
※ 양념을 헹궈내는 소금물의 양은 양념 배합에 포함되어 있지 않습니다.
※ 굵은소금은 종류에 따라 짠맛의 차이가 나므로 절일 때 간을 보는 것이 좋습니다.

배 추 김 치 양 념

	주재료	굵은소금	고춧가루	새우젓	멸치액젓	다진 마늘	생강청	찹쌀풀	물	기타
절임배추	2포기	2C							2ℓ	
배추김치	2포기		1C	⅔C		8T	4T	2C	2C	
전라도식 배추김치	2포기		½C	¼C	½C	8T	4T	2C	2C	생새우 100g 마른 고추 50g 멸치생젓 1T
백김치	2포기	*1C		⅓C					2ℓ	배 1개 마늘 8쪽 생강 2톨
얼갈이 배추물김치	1단	*1T			¼C	2C	2T	5C		매실청 2T

*외에 굵은소금은 절임용

무 김 치 양 념

	주재료	굵은소금	고춧가루	새우젓	멸치액젓	다진 마늘	생강청	찹쌀풀	물	기타
깍두기	2개	⅓C	⅔C	¼C		1T	4T			
섞박지	2개	¼C	⅓C	1T	⅓C	1T	2T	½C		
총각김치	1단	1 ⅔C	¾C	1T	⅓C	⅓C	3T	3C		
동치미	4개	*½C							4ℓ	생강 ½톨 청갓 350g 청양고추 5개 마른 고추 5개
열무김치	1단	4T	12T			4T	8T	2C		조선간장 ¾C
열무물김치	1단	⅓C	2t	1T		⅓C	1T	2C	3ℓ	
나박김치	배추 1포기 무 1개	½C	½C			1t	3T	1C	4ℓ	

*외에 굵은소금은 절임용

맛 김 치 양 념

	주재료	굵은소금	고춧가루	새우젓	멸치액젓	다진 마늘	생강청	찹쌀풀	물	기타
오이소박이	8개	⅓C	¼C		¼C	¼C	1T	¾T	¾T	
부추김치	400g		6T				2T			조선간장 6T
파김치	500g		½C		¼C	1T		1C		
갓김치	1단	½C	8T		½C	2T	2t	½C		마른 고추 10개 마른 고추씨 2작은술
장김치	배추 1포기 무 1개								4C	조선간장 2C 사과식초 2C 설탕 2C 마른 고추 3개
막김치	배추 1포기		6T			3T	4T			조선간장 8T
무보쌈김치	배추 1포기 무 1개	3T	1C		⅓C	4T	½C			설탕 4T (절임용) 매실청 ½C

*외에 굵은소금은 절임용

찾아보기

ㄱ 갓_141 • 갓김치_107 • 계량 기준_142 • 고운 소금_131 • 고추_133 • 고춧가루_133 • 굵은소금_131 • 깍두기_47 **ㄴ** 나박김치_81

ㄷ 다시마물 만드는 법_139 • 동치미_65 **ㅁ** 마늘_141 • 마른 고추_133 • 막김치_119 • 맛국물_139 • 매실청_137 • 멸치젓_135 • 무 깍둑 써는 법_48 • 무 채 써는 법_20, 32 • 무보쌈김치_125 **ㅂ** 배추 절이기_13 • 배추김치_19 • 백김치_31 • 부추_141 • 부추김치_97 **ㅅ** 새우젓_135 • 생강_141 • 생강청_137 • 섞박지_53 • 설탕_137 • 소금_131 • 실파_141

ㅇ 알타리무 절이기_60 • 양념 배합표_142 • 양념 채소_141 • 양파_141 • 얼갈이배추겉절이_39 • 얼갈이배추물김치_37 • 열무 풋내 없애는 법_71 • 열무김치_71 • 열무물김치_75 • 오이소박이_91 • 우거지_13

ㅈ 장김치_113 • 전라도식 배추김치_25 • 젓갈_135 • 조선간장_135 • 쪽파_141

ㅊ 찹쌀풀 만드는 법_139 • 청_137 • 총각김치_59 **ㅌ** 통배추 손질_14

ㅍ 파김치_101 • 풀물_139 **ㅎ** 황석어젓_135

맛있는 김치의 비결 첫 번째
소금이 중요하다!

소금은 김치의 간을 맞추고, 맛을 완성하며 아삭한 식감을 유지하는 중요한 재료다. 그만큼 좋은 소금을 고르고 적절한 재료와 계절에 따라 알맞은 양을 사용해야 하는 것도 김치 맛을 제대로 내는 비결이다.

소금에 절이는 것이 관건

김치는 주재료가 무엇이든 간에 반드시 소금에 절여야 한다. 소금을 뿌리거나 소금물에 적실 때 그 양과 절이는 시간이 알맞아야 맛있고 오래 먹을 수 있는 김치가 된다. 만약 너무 짜게 절여지면 채소의 수분과 영양이 빠져나가 질겨지고, 싱겁게 절여지면 물이 생겨 쉽게 무르거나 실 수 있다. 절이는 데 실패하면 아무리 좋은 재료와 맛난 젓갈이나 육수를 넣어도 김치의 제맛을 살리기 어렵다.

맛을 끌어내는 것도 소금의 역할

소금은 살균 효과와 함께 채소가 지닌 영양분과 효소를 끌어내는 역할도 한다. 또한 질긴 채소는 부드럽게 만들며 아삭한 채소는 물러지지 않게 한다. 무엇보다 소금이 들어가야 유산균이 생겨나며 이로 인해 여러 가지 재료의 맛이 잘 어우러지고 발효도 원활하게 이루어진다.

짜지 않게 건강하게

김치를 절일 때 가장 중요한 것이 소금의 질과 양이다. 깨끗한 바다에서 생산된 소금이어야 하며 간수를 빼고 기타 불순물이 없어야 김치에서 잡맛이나 잡내가 나지 않는다. 짠맛 또한 일정하고 깔끔해야 일정한 비율과 시간으로 채소를 절여 김치를 담갔을 때 일정한 맛을 낼 수 있다. 일반 배추김치 100g에는 1일 성인 권장량의 30%에 가까운 나트륨이 들어 있다. 김치의 절임과 익힘에 방해가 되지 않는 한 짜지 않게 절이고 담그는 것이 좋다.

한주소금

수중 5m의 동해 바닷물을 세 차례 정수하고 살균하는 과정을 거쳐 만든 순수 국산 원료의 화학물질이 포함되어 있지 않은 정제 소금이다. 석면이나 농약, 다이옥신, 일반 세균 등이 없어 깨끗하며 맛도 좋다. 나트륨 함량이 높아 다른 소금보다 적은 양을 사용해도 된다. 단, 물에 천천히 녹기 때문에 충분히 섞은 다음 간을 봐야 한다. 한주소금으로 저염 김치를 담그려면 물 10ℓ에 한주소금(본소금) 1.25kg(10:1.25)의 비율(염도 약 11%)로 염수를 만들어 배추를 약 14~16시간 내외로 담가 절여 깨끗한 물에 3~4회 헹궈 사용하면 된다.

문의 052-270-5131
홈페이지 www.hanjusalt.co.kr

맛있는 김치의 비결 두 번째
김치 보관 용기가 중요하다!

좋은 재료를 이용해 맛있는 김치를 담그는 것만큼 중요한 것이 바로 보관이다. 김치는 어디에서 얼마나 익혀, 어떻게 보관하느냐에 따라 맛에 큰 차이가 난다. 원하는 만큼 익혔다면 공기의 접촉과 온도 변화가 적은 곳에 보관해야 김치의 제맛을 오랫동안 즐길 수 있다.

외부 공기를 막아라
아삭하고 톡 쏘는 김치의 맛을 유지하기 위해 무엇보다 공기의 접촉이 적어야 한다. 김치 통의 밀폐력이 떨어져 외부 공기가 많이 들어오면 온도 변화 때문에 김치가 과도하게 익거나, 익기도 전에 물러질 수 있다. 게다가 특유의 냄새가 밖으로 새어나가 냉장고나 다른 음식에 밸 수 있다.

튼튼하되 편리하게
김치는 배추 두 포기, 총각무 한 단처럼 소량의 재료를 활용해 담가도 그 무게나 부피가 만만치 않다. 플라스틱 용기는 가볍지만 냄새나 색이 한 번 배면 없애기 쉽지 않아 다른 음식을 담는 용도로 쓰기 힘들다. 반면 강화유리로 된 용기는 냄새나 색이 잘 배지 않으며 쉽게 긁히지 않는다. 온도 변화에 민감하지 않고, 내용물을 빨리 확인할 수 있는 것도 장점이다.

다양한 크기로 준비
김치는 종류에 따라 다양한 크기의 통이 필요하다. 한 번에 담근 김치를 작은 통에 나눠 보관하면 재료끼리 어우러져 익는 맛이 떨어지고, 너무 큰 통에 담으면 수시로 꺼내 먹기 불편하고 공기와의 접촉이 잦아 김치 맛도 변하게 된다. 배추김치는 통째로 들어갈 만큼 큼직한 것, 깍두기는 재료가 작으니 중간 크기, 나박김치처럼 때때로 담가 먹는 별미 김치는 작은 것으로 준비하면 된다.

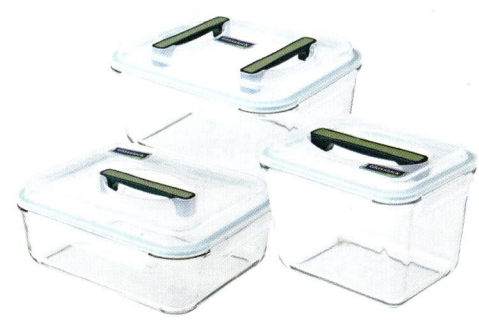

글라스락 핸디형
사면 결착식으로 밀폐력이 뛰어나 김치의 맛을 오랫동안 유지하며 맵고, 짜고, 새콤한 맛이 나는 김치 성분이 용기에 배거나 다른 성분을 용출시킬 염려가 없다. 맑고 투명해 내용물을 한눈에 알아볼 수 있고, 내열강화유리라 쉽게 깨지지 않으며 긁힘도 잘 생기지 않는다. 무엇보다 환경호르몬 발생에 대한 걱정이 없고, 냄새나 색이 배지 않아 다른 용도로도 충분히 활용 가능하다. 또한 뚜껑 윗부분에 손잡이가 있어 편리하다.
문의 080-080-3100
쇼핑몰 www.uhasmall.com 홈페이지 www.glasslock.co.kr

Global Food KIMCHI

KIMCHI 김치

초판 1쇄 인쇄 2013년 11월 13일
초판 1쇄 발행 2013년 11월 18일

요리 문인영(101 Recipe)
진행 이은경
디자인 이혜민
사진 박성훈(달링 하버 스튜디오)
교정·교열 김지희
요리 어시스턴트 김가영, 조수민
그릇 협찬 근대화상회(02-798-2231)
타일 협찬 윤현상재(02-540-0145)

펴낸이 이웅현
펴낸곳 (주)도서출판도도
회장 조대웅
상무 정지아
재무이사 최명희
디자인 디렉팅 이지은
기획 김민경
마케팅 차은영

출판등록 제300-2012-212호
주소 서울시 종로구 새문안로 92 오피시아빌딩 1225호
전자우편 dodo7788@hanmail.net
내용문의 02)739-7656(106)
판매문의 02)739-7656(206)

Copyright © (주)도서출판 도도

ISBN 979-11-853300-03-7

잘못된 책은 구입하신 곳에서 바꾸어 드립니다.
이 책에 실린 글과 사진은 저작권법에 의해 보호되고 있으므로
무단 전제와 복제를 일절 금합니다.